PUBLICATION DU *SPECTATEUR MILITAIRE*
Septembre 1886.

SAINT-PRIVAT

LE POINT-DU-JOUR

DOCUMENTS POUVANT SERVIR A L'HISTORIQUE D'UN RÉGIMENT D'INFANTERIE

Le 17 août, dès la pointe du jour, le 55ᵉ quittait la lisière du bois des Ognons pour arriver, vers huit heures sur le plateau du Point-du-Jour. Il s'établissait, la droite à cinq cents mètres de la ferme de Moscou, face aux maisons et jardins garnissant le coude de la grand'route, tournant le dos à la voie Romaine qui s'enfonce pour gagner Moulin-les-Metz et Longeville.

J'étais persuadé que nous ne nous y arrêterions pas ; qu'après avoir laissé un rideau au Point-du-Jour, et dans les lignes d'Amanvillers, l'armée repasserait la Moselle dans la nuit du 17 au 18, pour attaquer le 18 au matin les corps prussiens laissés à la garde de la rive droite. Cette opération me semblait pouvoir être tentée. Il s'agissait d'occuper Noisseville, Servigny, Sainte-Barbe, en interceptant sur la rive droite de la Moselle, en aval et en amont de Metz, les communications entre les deux portions de l'armée ennemie, séparées par ce cours d'eau.

Il y avait plus de chance de réussir le 18, que le 24 août ou les 31 août et 1ᵉʳ septembre, jours où cette tentative fut essayée, sans résultats appréciables. La trouée faite avec nos masses, le 18, sur la rive droite, devait nous permettre, sinon de nous dérober, du moins de faire sortir de Metz les bouches inutiles. En rationnant l'armée dès les premiers jours de l'investissement, la défense se prolongeait facilement d'un mois au moins. Nous savons aujourd'hui que les conséquences en eussent été immenses, aussi bien sur la Loire qu'à Paris, dès la fin de novembre et le commencement de décembre 1870. Il est certain qu'en 1886 les critiques et les plans sont faciles. Un général auquel je développais en captivité ce projet, me répondit très judicieusement: « Toute espèce de choses pouvaient être tentées, et tout valait mieux que ce que l'on a fait. »

La journée du 17 se passa sans incident au 55ᵉ. Trois heures le matin et trois heures le soir étaient employées à l'instruction des hommes rappelés, qui avaient rejoint le régiment peu de jours auparavant, avaient assisté à la bataille de Rezonville, sans connaître le maniement du chassepot. Nous en étions là avec notre système de réserve d'alors.

La nuit du 17 au 18 fut assez calme jusque vers trois heures du matin, où presque toute l'armée fut éveillée par une de ces paniques si incompréhensibles, mais si fréquentes dans une armée jeune, nouvellement formée, manquant encore de l'expérience de la bataille. D'abord, lointain, confus et faible, le cri : « Aux armes ! » parti d'Amanvillers se rapprochait du Point-du-Jour où il était arrivé à être formidable, poussé par chacun avec violence. Les hommes sortant de leurs tentes, se précipitaient sur leurs faisceaux dans *les tenues les plus incorrectes*. Quelques coups de fusil se firent entendre ; puis peu à peu le calme se rétablit, les hommes replacèrent leurs armes où ils les avaient trouvées en répétant les uns aux autres : « Il n'y a rien, il n'y a rien ! » Ce nouveau cri fort à la gauche, alla en se perdant peu à peu et successivement jusqu'au point de départ du permier cri : « Aux armes ! » On ne saurait mieux comparer cet effet la nuit, qu'à une vague qui partie du large, vient échouer à la plage pour retourner à son point de départ, et disparaître.

Le 18 dès le matin, les corvées furent envoyées aux grand'gardes, pour la construction des tranchées-abris, le barrage et la destruction de la route de Gravelotte. La grand'garde de droite du 55ᵉ commandée par le lieutenant Santelli, était placée un peu en avant des maisons dites « Point-du-Jour », sur le revers du mouvement de terrain que nous occupions. Au Point-du-Jour, la route fait un coude accentué, suit les crêtes pendant un kilomètre environ, puis fait un deuxième coude aussi accentué que le premier pour descendre sur Rozerieulle et Metz. Sur les crêtes entre les deux coudes, la route est bordée d'arbres et de deux fossés dans lesquels les hommes peuvent se placer coude à coude sans se gêner. Du côté du ravin de la Mance, qui sépare Gravelotte du Point-du-Jour, se trouve une sablière large de vingt mètres environ, profonde de deux mètres du côté des bois de la Mance, et presque au niveau du fossé du côté de la route. Le mouvement général du terrain va en s'abaissant de la route à la Mance. Le fossé de la route, du côté de la défense, se trouve être le plus élevé; puis la route avec ses arbres, puis le fossé du côté de l'attaque, un peu plus bas, puis la Sablière dont le bord extérieur, arrangé, se reliant aux tranchées-abris, ainsi qu'à la grand'garde de droite du 55ᵉ, forment une ligne de défense naturelle, permettant de disposer pour ainsi dire de trois étages de feu, entre les maisons du Point-du-Jour, qui appuyent la défense à droite, et le coude gauche près de Rozerieulle, protégé par une éminence de pierres, une sorte de carrière en avant, du côté du bois, dominant la route depuis la Sablière. Pour bien faire comprendre les combats acharnés et reitérés qui se sont livrés toute la journée sur ce terrain, il est nécessaire d'ajouter que par place, mais rare, la Sablière masquait aux défenseurs, placés dans les fossés de la route, la vue de certains débouchés du bois.

La grand'garde du 55ᵉ retranchée sur la route de Gravelotte, à cinquante mètres en avant du Point-du-Jour, enfilait par ses feux toute cette route; elle flanquait aussi la Sablière. Le Point-du-Jour, la protégeait en la dominant. Il avait été mis non seulement en état de défense, mais on y avait construit des parapets et des épaulements pour une batterie de douze pièces, de la division Vergé, 1ʳᵉ du 2ᵉ corps.

Du Point-du-Jour, de la grand'garde, on découvre tout le champ de bataille du 16; les débouchés du ravin de Gorze, la Maison-Blanche, Flavigny, Vionville, Rezonville, Gravelotte. Le bois des Géniveaux, en avant de la ferme de Moscou, peut masquer, à cette vue, des effectifs assez considérables d'une division au moins.

Depuis le matin du 18, des colonnes prussiennes défilaient sans discontinuer sous nos yeux, se portant de leur droite vers leur gauche. Elles débouchaient des bois des Ognons et de Vionville sur différents points, prenant toutes la même direction. Vers sept heures du soir il en arrivait encore, c'était le corps commandé par le général Franzecki, le dernier.

Les premières colonnes s'étaient dirigées sur Gravelotte, l'avaient dépassé sans s'y arrêter. Elles étaient venues se masser derrière les bois de la Mance et celui des Géniveaux. Leurs éclaireurs n'avaient pas dépassé la Mance. L'artillerie s'était arrêtée en formation de rassemblement, très en vue, à hauteur de Gravelotte, mais hors de portée. Plus de deux heures s'écoulèrent dans ces conditions sans qu'un coup de fusil fût tiré. La bataille ne s'engageait pas encore. Les colonnes ennemies, continuaient sans cesse à se porter vers la droite de notre armée et prenaient successivement les emplacements qui leur avaient été assignés. Une grande action était imminente, elle ne pouvait faire doute pour qui voulait voir et réfléchir. Les rapports des colonels de notre côté étaient concluants. Les forces que nous avions devant nous n'étaient qu'un masque destiné à couvrir et protéger le mouvement général de l'armée prussienne.

Le 55e avec deux bataillons prit position, par ordre, à la gauche du Point-du-Jour qui fut occupé en même temps par le 3e bataillon de chasseurs à pied, que commandait depuis la veille un adjudant-major du

55ᵉ, M. Petit. Les deux bataillons du 55ᵉ avaient pour chefs, l'un le commandant Dameï, l'autre le capitaine Battmann remplaçant le commandant Chanon tué à Rezonville. Le 76ᵉ tenait la gauche du 55ᵉ vers le coude de Rozerieulle. Cette portion du 76ᵉ était sous les ordres de son lieutenant-colonel Bourlet. Plus à gauche encore, face au bois de Vaux le 77ᵉ. Ces deux régiments formaient la brigade Jolivet. Le général se tint toute la journée, et une partie de la nuit, sur l'emplacement de sa brigade.

Le 55ᵉ garnit de ses tirailleurs, la Sablière, les tranchées-abris de sa grand'garde ainsi que les deux fossés de la route dans la partie qui longe les crêtes du mouvement de terrain. Il avait gardé trois compagnies en réserve sous les ordres du capitaine Dervillé qui remplissait les fonctions de capitaine-major. La position défensive était formidable ; elle ne fut pas enlevée malgré des efforts violents et successifs.

Il était bien dix heures et demie peut-être, même onze heures quand la bataille s'engagea par un coup de canon tiré par les batteries ennemies qui s'étaient avancées de Gravelotte en descendant la pente douce du terrain, qui se termine à la Mance. Elles s'arrêtèrent au moment précis où leurs lignes de mire dirigées sur le Point-du-Jour rasaient le sommet des arbres du bois de la Mance. Il est certain que cette position ainsi que la mise en batterie avaient dû être étudiées d'avance. La vue des pièces nous était dérobée ; quoique à bonne portée de nos chassepots, nous ne pouvions tirer qu'au jugé ; la fumée seule nous indiquait approximativement l'emplacement de chaque pièce. Pour les mêmes raisons, l'artillerie ennemie ne

SAINT-PRIVAT. LE POINT-DU-JOUR

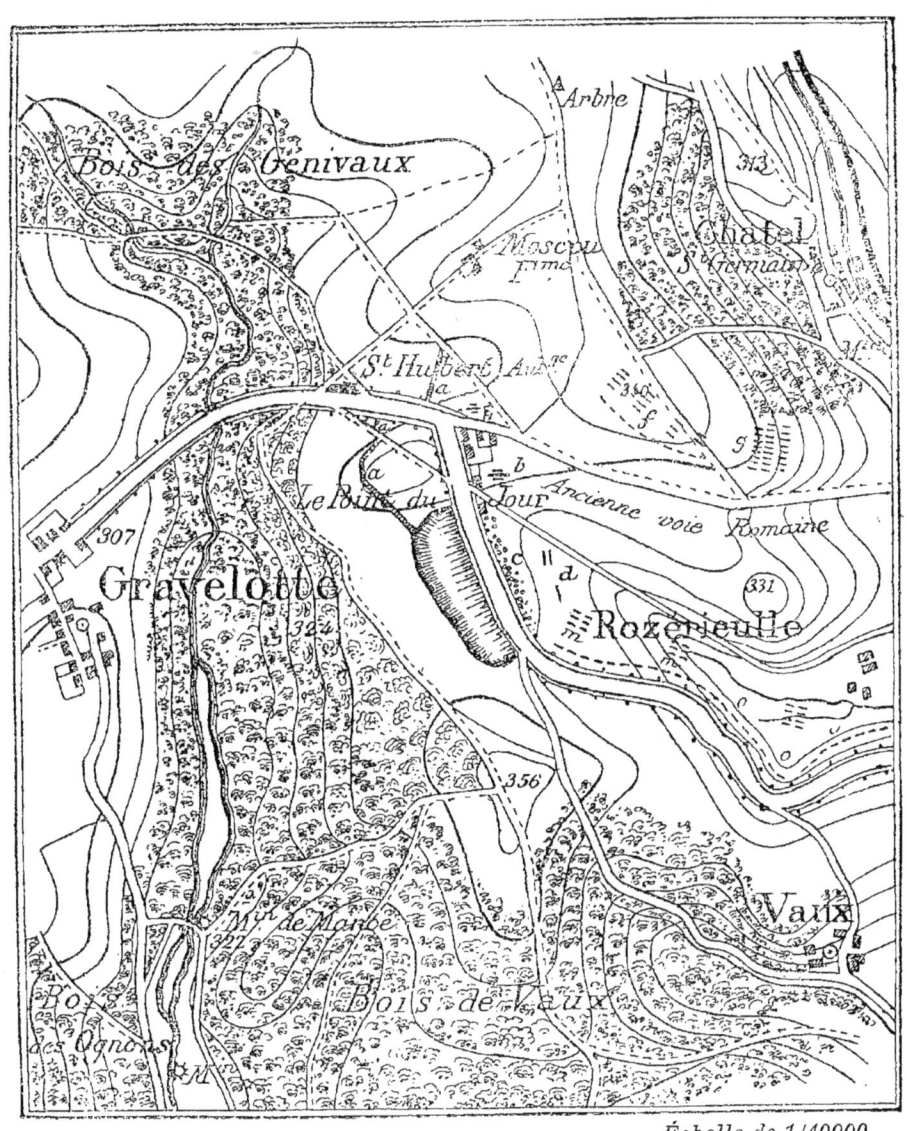

Échelle de 1/40000.

a	Tranchées-abris.		m	76ᵉ } 1ʳᵉ position.
b	2 batteries d'artillerie. } 1ʳᵉ position.		o	77ᵉ
c	9 compagnies du 55ᵉ.		f	67ᵉ } 2ᵉ position.
d	3 compagnies du 55ᵉ.		g	55ᵉ

pouvait ni voir ni atteindre nos tirailleurs, pas plus que leurs réserves.

Un feu violent d'artillerie s'engagea sur ce point, il dura assez longtemps. Nos douze pièces du Point-du-Jour ne répondaient pas avec avantage. A ce moment, la lutte ne fut qu'une série de coups de canon. Nos batteries souffrirent beaucoup ; elles supportèrent seules l'effort de l'ennemi ne pouvant être que très peu soutenues par la grand'garde du 55° et le 3° bataillon de chasseurs en contre-bas sur la route avec des vues insuffisantes, attendu que le 3° bataillon de chasseurs avait dû abandonner les maisons du Point-du-Jour, pour se porter un peu en avant, s'abriter légèrement et se placer au-dessous du feu de nos batteries. Les rapports prussiens s'accordent pour constater qu'au début notre mousqueterie atteignit surtout leurs réserves générales d'infanterie. Nos trajectoires étaient trop élevées, notre tir pas assez rasant ou plongeant.

Je demande pardon d'entrer dans ces détails qui semblent oiseux, insignifiants, à première vue, mais qui auront une importance capitale pour expliquer les résultats du combat, ils ne peuvent être qu'un sujet d'études sérieuses, pour l'officier d'infanterie qui de sa personne agit sur les champs de bataille.

Pour des raisons contraires, le feu des Prussiens atteignait peu aussi nos tirailleurs, il portait de bas en haut. Quoique avec des hausses moins élevées que les nôtres, tirant à couvert sous bois, leurs projectiles fichaient. Quelques balles seulement, mais en petit nombre, rasaient la crête du mouvement de terrain, puis tombaient en suivant la pente naturelle des terres sur le versant opposé, en arrière de nos réserves placées très près de notre ligne de tirailleurs. « Ce ne sont que des mouches », disaient nos troupiers, dans leur langage imagé. Personne n'y a songé, mais c'eût été le cas ou jamais, pour l'armée prussienne, d'expérimenter ces fameux feux courbes et indirects, par salves à grandes distances rasant les crêtes pour balayer en les suivant, les pentes des revers où peuvent se tenir masquées les réserves, dans les actions défensives.

On a beaucoup écrit à cet égard. Des expériences nombreuses ont été faites dans tous les pays, je ne crois pas à l'efficacité de ces feux indirects, tandis que je crois à un effet réel à la longue, des balles perdues des tirailleurs sur des réserves trop concentrées, trop rapprochées, quoique ces balles ne leur soient pas destinées. Mais de là à l'application des feux indirects réglementés, pour un champ de bataille, il y a loin. Il est impossible de ne pas laisser quelque chose à l'imprévu.

Les maisons du Point-du-Jour, qui servirent de but toute la journée, à l'artillerie ennemie, furent promptement détruites et rendues impropres à un abri. Elles prirent feu vers midi, le soir à sept heures elles fumaient et brûlaient encore. Notre artillerie s'était portée un peu à droite et à gauche des jardins ; le 3ᵉ bataillon de chasseurs à pied en partie en avant, en partie à l'appui des pièces. Le Point-du-Jour était évacué. N'importe, il recevait la masse des projectiles ennemis étant seul en vue ; il servait de direction, de but au pointage, il fut par cela seul de la plus grande utilité à la défense. Notre artillerie y avait beaucoup souffert ; néanmoins son feu n'était pas éteint. Elle répondait peu à l'ennemi, se réservant pour les assauts. De deux heures à cinq heures nous eûmes à supporter cinq assauts successifs, se produisant dans les mêmes conditions avec les mêmes résultats. La chaîne des tirailleurs prussiens se formait suffisamment compacte, à la lisière des bois de la Mance. Les réserves, des compagnies avaient pu entrer en ligne, presque sans danger, à l'abri sous bois. La lisière des bois de la Mance est à trois cents mètres environ des bords extérieurs de la Sablière. Cette chaîne compacte de tirailleurs pouvait bien avoir un kilomètre de front. A un signal donné elle se mettait en marche simultanément. Alors de notre côté, le feu devenait précipité, plus violent. Dans les parties masquées par la Sablière aux vues des fossés de la route, cette chaîne arrivait à couronner presque la Sablière. Les plus audacieux s'y précipitaient, mais la masse subitement arrêtée par un fossé imprévu, hésitait, presque toutes nos balles portaient de cinquante à quatre-vingts mètres de distance. L'ennemi rentrait précipitamment sous bois, après avoir subi des pertes sensibles. Les hommes qui s'étaient jetés dans la Sablière ne pouvaient plus en sortir pour suivre le mouvement de recul qui avait entraîné toute la ligne ennemie. A ce moment, nos réserves se précipitaient en avant, ramassaient dans la Sablière les Prussiens qui n'avaient pu s'en échapper, y étant retenus comme dans une souricière.

Il était de toute nécessité d'arrêter ces retours offensifs partiels à très petites distances seulement de nos positions. Les Prussiens rentrés sous bois s'y trouvaient appuyés ; nous pouvions à notre tour être ramenés puis voir les réserves prussiennes entrer dans nos positions en même temps que nous. Là, pour moi, était tout le danger de ces retours offensifs locaux. Avec mes souvenirs de Crimée, du siège de Sébastopol, je savais, par expérience, que les poursuites poussées trop à fond contre les sorties des Russes avaient toujours été dangereuses. Il est à regretter vivement que l'ordre général d'une attaque des 2ᵉ et 3ᵉ corps n'ait pas été donné, les résultats eussent été incalculables. A différentes reprises, dans la journée, les occasions se sont trouvées favorables. Ce mouvement général était demandé à grands cris, même par les officiers subalternes les plus clairvoyants. Il y était répondu systématiquement : « Affaire d'avant-garde ». Le colonel du 55ᵉ fut forcé de mettre comme conséquence une persistance, une persévérance tout exceptionnelles à maintenir son régiment dans ses positions défensives. Il ne cessait d'arrêter le feu par moment et de répéter : « Si je pouvais entraîner un mouvement offensif général, je n'hésiterais pas, il faudrait pour cela pousser de l'avant sur toute la ligne, à droite et à gauche de la route, et occuper le pont de la Mance ainsi que Saint-Hubert. » Pendant ces différentes actions, le 55ᵉ fit environ de deux cent cinquante à trois cents prisonniers dans la Sablière. Le lieutenant Santelli, aidé d'un soldat, s'empara d'un sabre d'officier supérieur d'infanterie qu'il offrit, séance tenante, à son colonel, qui le possède encore.

Ce sabre portait sur une des coquilles de la poignée rectangle allongé en cuivre doré, la marque A'H/33, sur l'autre, deux sabres en croix, retenus par une couronne de feuillage. La lame damasquinée, très belle et très bonne, était marquée près de la poignée d'un côté par les mots « A. v. Wirth », de l'autre « Solingen ». C'est comme cela, et par les prisonniers, que le 55ᵉ apprit qu'il avait eu affaire au 33ᵉ régiment d'infanterie prussienne. Parmi les prisonniers se trouvèrent aussi trois chevaux, un grand et deux petits, chabraks et tapis bleu de ciel foncé, galon rouge amarante[1]. Les Prussiens, après la guerre ou pendant que nous étions en captivité, portèrent tant de sabres ayant appartenu à nos officiers, qu'ils ne peuvent trouver mauvais qu'un des leurs puisse nous faire connaître le modèle de la fabrique de Solingen.

Sont-ce ces faits des Sablières de Rozerieulle et du Point-du-Jour, qui donnèrent lieu à la légende si malheureuse, si connue des carrières de Jeaumont, situées à l'autre extrémité de notre ligne de défense ? Cela ne paraît pas invraisemblable ; on sait comment on raconte l'histoire avant qu'elle n'ait été écrite.

Avant de continuer le récit de la défense du Point-du-Jour, je crois nécessaire de tirer des conclusions tactiques des combats qui s'y sont livrés. Ces exemples seront des plus utiles. Combien de fois, des officiers étrangers, Italiens, Autrichiens surtout, attachés aux différentes légations, m'ont-ils demandé s'il m'était possible de citer des applications, sur le terrain du combat, des règlements soit prussiens, soit français ? Eh bien ! non ! L'application textuelle des règlements pendant l'action ne se voit pas. On peut s'en rappro-

---

[1]. Ces détails insignifiants ne sont donnés que pour prouver la rectitude de mes souvenirs.

cher, voilà tout. Car : « La guerre est une affaire de tact. Elle n'est composée que d'accidents. La théorie n'est pas la pratique de la guerre. Les règlements sont bons pour former l'esprit et le jugement, mais leur stricte exécution est toujours dangereuse[1]. »

Le terrain, dans le combat moderne, joue un rôle prépondérant. Nous allons voir successivement son influence dans l'offensive aussi bien que dans la défensive. Nous en déduirons les causes qui ont amené les échecs de l'attaque, ainsi que celles qui nous ont empêchés de profiter de nos succès locaux et partiels.

Pour l'offensive d'abord.

Au début de l'attaque, les tirailleurs prussiens garnissaient la lisière du bois de la Mance. Sous bois se trouvaient, naturellement très rapprochées de la ligne des tirailleurs, puisqu'elles n'étaient pas en vue, les réserves des compagnies; certainement aussi celles des bataillons, peut-être même celles des régiments, selon l'épaisseur du bois. Les grandes réserves des divisions se tenaient en formation de rassemblement contre les lisières extérieures du côté de Gravelotte, en contre-bas des batteries destinées à soutenir l'attaque.

Le problème à résoudre dans l'offensive consiste à former une chaîne compacte de tirailleurs à deux cents mètres du point d'attaque, en perdant le moins de monde possible. Quel que soit le moyen employé pour arriver à ce résultat, si vous réussissez, ce moyen sera le meilleur. Les règlements prussiens nous indiquent un moyen. Ils prescrivent les distances en pro-

---

[1]. Pensées appartenant à Napoléon Ier à Sainte-Hélène que nous fait connaître le Mémorial.

fondeur auxquelles doivent se placer les différentes unités. Ces unités sont d'autant plus nombreuses, par masses d'autant plus fortes, qu'elles sont plus éloignées de la ligne du combat, que cette ligne est plus étendue. En examinant les croquis du Point-du-Jour, aux abords de la Mance, on verra facilement que, si les Prussiens y avaient appliqué leurs règlements à la lettre, leurs dernières réserves eussent été exposées, serrées en masse, aux vues de la défense. Ils furent, en conséquence, forcés de les concentrer presque sous bois, pour les dérober à ces vues. La lisière des bois de la Mance est à peu près à deux cents ou deux cent cinquante mètres de la Sablière, ainsi que des tranchées-abris de la défense.

Au moment où l'assaut, le sturm, se produisait, abordant presque la Sablière, par la partie des pentes les moins exposées, les réserves massées sur la chaîne prenaient ces directions abritées. Arrêtées ensuite par la Sablière, même un instant, ce court moment d'hésitation suffisait pour leur faire éprouver des pertes sensibles ; elles recevaient subitement des feux violents qui les rejetaient sous bois. Mais, sous bois, elles trouvaient les réserves générales qui les avaient remplacées, qui ne rétrogradaient pas et qui les arrêtaient. Après plusieurs assauts successifs et successivement repoussés dans ces conditions, on comprendra que l'encombrement sous bois a dû être considérable ; assez pour gêner les essais de réorganisation des différentes unités ; assez pour avoir été signalé dans les rapports prussiens. Il aurait fallu, pour se réorganiser, pouvoir sortir des bois du côté de Gravelotte, y préparer une nouvelle attaque. Mais on y était en vue.

Notre artillerie se taisait pour ainsi dire sans être démontée, elle ne répondait plus à l'artillerie ennemie. Elle bornait son rôle à quelques coups, enfilant la route, destinés à arrêter les colonnes qui essayaient de passer le pont de la Mance pour suivre les tirailleurs ne pouvant se déployer ni à droite ni à gauche de la route qui était en remblai près du pont. Les coups de l'artillerie ennemie, tirés de bas en haut, fichaient en avant du Point-du-Jour, ou passaient généralement par-dessus la crête pour se perdre dans le ravin de la voie Romaine; ils ne pouvaient atteindre ni les tranchées-abris, ni la Sablière, attendu que les pointeurs ne pouvaient avoir connaissance de ces positions qu'au jugé. Ainsi, pour moi, l'échec des attaques prussiennes tient plutôt à l'excès de leurs effectifs qu'à tout autre cause, à des réserves successivement trop agglomérées, disproportionnées à l'étendue du front d'attaque. En présence d'échecs successifs, le commandement envoyait de plus en plus des effectifs et des réserves qui se gênaient mutuellement, se paralysaient, ne pouvant s'étendre suffisamment ni en profondeur ni en largeur. Cette situation s'aggravera encore pour les mêmes raisons vers sept heures et demie du soir, après l'arrivée en ligne du IIe corps Franzecki.

Voilà pour l'offensive.

Voici pour la défensive.

Les explications seront plus courtes. Rien, dans nos règlements, avant 1870, ne donnait d'indication sur la manière de disposer les tirailleurs et leurs réserves. Le colonel du 55e était imbu des idées défendues par le *Garde national mobile*, dans le *Spectateur*, pendant les années 1868 et 1869, sous la dénomination d'ordre perpendiculaire ou des échelons progressifs qui n'est autre chose que l'ordre dispersé d'aujourd'hui. Nous avons vu comment il avait disposé ses tirailleurs qui, dès le début du combat, formaient une chaîne compacte de deux lignes de feu superposées. Les réserves de ces lignes n'étaient qu'à cinquante mètres à peine des tirailleurs, de trois compagnies seulement, c'est-à-dire du quart de l'effectif au feu tout au plus. A chaque assaut successif, une portion de ces trois compagnies se portait sur la chaîne, revenait à sa place ou s'intercalait si une trouée s'était formée dans la ligne. Ces réserves n'avaient qu'une cinquantaine de mètres à parcourir, à l'abri, quand l'assaillant, par contre, avait à faire deux cents mètres sous le feu en montant. Les réserves de la défense arrivaient ainsi toujours à temps.

Là est tout le secret de ce combat.

Le colonel Robert, ex-professeur de tactique d'infanterie à l'École de guerre, dans son ouvrage : *Tactique des grandes unités*, fait très bien ressortir la différence nécessaire entre l'offensive et la défensive pour le dispositif des troupes et des réserves. Dans l'offensive, les réserves doivent être à une distance suffisante pour ne pas être trop exposées, au début de l'action. Dans la défensive, au contraire, elles peuvent être, dès le début, en face des points faibles de la défense. Dans l'offensive, elles doivent être nombreuses et échelonnées en profondeur ; dans la défensive, par contre, elles peuvent être plus faibles dès le début, placées très près de la ligne des tirailleurs[1].

1. Pour l'offensive la chaîne se forme successivement, pour la défensive elle est formée d'avance.

C'est dans ce courant d'idées que les règlements de 1885 ont modifié ceux de 1875 en diminuant de plus de moitié les distances en profondeur des différents échelons de réserve afin de les faire arriver plus rapidement sur la chaîne. La défense et l'attaque du Point-du-Jour sont des exemples à citer dans les écrits militaires à propos de tactique du combat, des compagnies, des bataillons, des régiments. On peut les trouver entre une heure et cinq heures de l'après-midi du 18.

A partir de six heures, ce sera bien autre chose. Je crois que dans aucun écrit il ne se trouve de sujets d'étude aussi utiles que ceux que je viens de citer, mais que je reconnais du reste ne pouvoir intéresser que des spécialistes et des officiers d'infanterie.

Le 3e bataillon du 55e, sous les ordres du commandant Millot, venait d'entrer à son tour en ligne, mais sur un autre point. Le colonel du 55e recevait du général Vergé, commandant la division, l'ordre de se préparer à se retirer du feu, attendu qu'il était engagé depuis le matin sans interruption. Cet ordre était apporté par le capitaine Chapuis [1], du 77e, adjudant-major, faisant fonction d'officier d'ordonnance du général. Le 55e devait être remplacé par tout le 32e de la même brigade qui fut employé ailleurs. Le terrain à parcourir en arrière du 55e était sillonné par les projectiles ennemis ; le colonel le fit remarquer au capitaine Chapuis. « Veuillez, je vous prie, dire au géné-

---

[1]. J'ai retrouvé plus tard le capitaine Chapuis chef de bataillon au 121e à Lyon. C'est lui qui périt si malheureusement, comme lieutenant-colonel, au Tonkin où il avait demandé à être employé.

ral que je suis engagé depuis ce matin, il est vrai ; mais que j'ai perdu fort peu de monde ; que la position est excellente, que je réponds de la tenir au moins jusqu'à dix heures du soir, que je ne l'évacuerai que de nuit. Si de jour je traversais à découvert, avec le régiment rallié, le terrain que vous venez de parcourir, je perdrais, pour me retirer, plus de monde que je n'en ai perdu jusqu'à cette heure. »

Cette réponse fut portée au général Vergé ; le capitaine Chapuis ne revint pas [1].

A cette même heure, un drame sanglant se jouait à Sainte-Marie-aux-Chênes et Saint-Privat défendus énergiquement par le 6e corps.

Vers six heures et demie ou sept heures aussi débouchait du ravin de Gorze le IIe corps prussien Franzecki. En sortant du bois par la route de Rezonville, nous pouvions voir ses bataillons se former successivement en colonnes à intervalles très marqués, sur la droite, en bataille, face à la position attaquée. Quand ces bataillons eurent occupé tout l'espace compris entre le bois des Ognons et Rezonville, cette ligne de bataillons en masse se mit en mouvement pour se rapprocher du ravin de la Mance. Une nouvelle attaque était imminente à tous les yeux ; elle devait se produire la dernière.

Je tirai ma montre : « Encore une heure de jour, c'est bien long sans boire ni manger. Vingt-quatre heures de repos, je ne demande que cela. » Ce sentiment était général, car depuis quatre jours, depuis le

---

[1]. Le commandant de Chaussepierre attaché à l'École de Guerre était en 1870 comme lieutenant à la division Vergé, il peut se rappeler le fait.

14, bataille de Borny, nous n'avions eu, pour ainsi dire, aucun répit. Encore une heure de jour veut dire que le combat ne pouvait cesser qu'à la nuit. Le 18 août, la nuit arrive à huit heures; il était donc sept heures.

Nous ignorions d'une façon absolue ce qui se passait sur les autres points du champ de bataille. Le colonel prévint son régiment, l'engageant à réserver ses feux, à se préparer à une dernière action qui ne devait produire son maximum d'effet qu'une demi-heure plus tard, vers sept heures et demie, vu le temps qu'il fallait à ces nouvelles troupes pour entrer en ligne.

Ici le colonel Robert, va trouver pendant un court moment l'application de ses théories sur la tactique des grandes unités, enseignée par lui à l'École de guerre.

Au moment où les bataillons Franzechi se mirent en marche pour se rapprocher de la Mance, les Prussiens avaient déjà sur la lisière des bois une chaîne trop renforcée par leurs premières réserves. Sous bois une deuxième ligne de réserves compactes des bataillons et des régiments. Une troisième ligne des réserves des divisions, hors des bois, mais près de la lisière extérieure. Une quatrième ligne de toute leur artillerie plus près de Gravelotte et placée depuis midi, comme je l'ai dit. Enfin une cinquième ligne des bataillons en masse, d'une division au moins, appartenant au corps Franzechi.

Voici, certes, un grand exemple des règlements, ainsi que de la tactique moderne appliqué au combat offensif des grandes unités. Je le crois à citer.

L'attaque, l'assaut, le *sturm* se manifestèrent vers sept heures et demie. La nuit tombait. Les mêmes causes aggravées, produisirent les mêmes effets. L'attaque fut repoussée, la dernière compagnie de réserve du 55e était entrée en ligne. Le feu cessa de notre côté après huit heures. Le moment du repos si désiré était arrivé.

A onze heures du soir, rallié par son colonel, le 55e se retirait en arrière de la voie Romaine, sur la crête d'un petit mouvement de terrain. En arrivant il le trouvait occupé par le 67e de ligne[1], commandé par le lieutenant-colonel Thibaudin; le 67e appartenait à la division Bataille.

« N'allumez pas de feu, ne bougez pas, ne faites pas de bruit, nous sommes en position. »

Il fallait cependant bien manger à onze heures du soir après une journée de combats livrés à jeun.

— « En position de quoi ? » dit le colonel du 55e, au lieutenant-colonel Thibaudin qu'il connaissait, « j'ai passé la journée à dix-huit cents mètres en avant de vous ? » Je constate par ce fait, que le lieutenant-colonel Thibaudin, n'a pas été évacué le 16 avec le dernier convoi des blessés de Rezonville qui a pu passer. Il fut nommé colonel du 67e, à Metz, dans les premiers jours de septembre, par le maréchal Bazaine, en remplacement du colonel Mangin, nommé général.

Le colonel du 55e fit faire l'appel à onze heures du soir. Il ne manquait que trois officiers, dont le com-

---

[1]. « Le 67e et le 8e de ligne se tiennent en arrière. » Numéro du 1er juillet 1885, page 29. M. Alfred Duquet. « La Bataille de Saint-Privat. »

mandant Millot, grièvement blessé, et, quatre-vingts hommes tués, blessés ou disparus. C'était peu pour cette journée du 18 août. C'est avec surprise et grande satisfaction que nous l'avons constaté.

Sur un effectif de deux mille deux cents hommes environ à Forbach le 6 août, nous avions perdu successivement :

    500 hommes et 13 officiers à Spieckeren.
    300   —   et 8   —   à Rezonville.
      80   —   et 3   —   à Saint-Privat.

Total. 800 h. environ et 24 officiers parmi lesquels 3 officiers supérieurs. L'un était le lieutenant-colonel Vierdot, blessé, dit-on, et fait prisonnier le 6 ; je ne le vis jamais. Le commandant Millot blessé d'un coup de feu au bras gauche le 18. Le commandant Petit, du 3e bataillon de chasseurs, blessé le 18, appartenait le 16, au 55e. Le commandant Dameï, du 55e, passa lieutenant-colonel au 8e de ligne pour le commander, à la suite de la blessure du colonel Haca. Le commandant Chanon, tué le 16.

Le régiment avait reçu sous Metz trois cents jeunes soldats. Après le 18, l'effectif du 55e était de 1,600 hommes environ.

Je pourrais terminer là mon historique, mais je tiens essentiellement à justifier aux yeux de M. Alfred Duquet, rédacteur en chef de la *Nouvelle Revue*, mon opinion émise avec Rustow, contrairement au plus grand nombre des écrivains militaires, du bien-fondé de la concentration de la masse de nos troupes fraîches, le 16, vers six heures du soir, sur la gauche de notre armée, entre Gravelotte, Rezonville et le bois des Ognons. Dans le deuxième volume de son ouvrage : *la Guerre moderne*, traitant de la tactique, le colonel Derrécagaix nous présente la marche des Prussiens, le 18 août, comme une conversion de leur armée sur sa droite. Autrement, dit un changement de front sur sa droite, masqué et protégé par un rideau passif à Gravelotte pendant le mouvement des différentes unités qui se formaient successivement sur la droite en bataille. »

D'après le colonel Derrécagaix, pour paralyser ce mouvement, il eut suffi d'étendre notre droite au delà de Sainte-Marie-aux-Chênes, de Saint-Privat, de Roncourt jusqu'à la forêt de Jeaumont. Il fallait envoyer au maréchal Canrobert toute la garde, comme le demandait Bourbaki, avec toute son artillerie. Je crois que cette opinion est aussi celle de M. Alfred Duquet dans sa narration de Saint-Privat, numéros des 15 juin et 1ᵉʳ juillet 1885 de la *Nouvelle Revue*. C'est aussi la mienne.

Dans ces conditions, nous pouvions avec avantage faire face de front à l'attaque du XIIᵉ corps saxon, par un crochet offensif perpendiculaire à notre ligne générale. Il en était temps à trois heures, à quatre heures, même encore à six heures du soir.

Simultanément, après leurs différents échecs, le retour offensif contre les Prussiens devait se manifester sur le bois de la Mance, de la ferme de Moscou aux carrières de Rozerieulle. Le désordre y était à son comble. Dans leurs rapports, les Prussiens constatent qu'après la dernière attaque du corps Franzecki le désordre était irréparable, surtout à la tombée de la nuit. Les pièces, les hommes, les chevaux étaient entremêlés sans remède et la nuit tombait. Ils ne purent se porter ni en avant, ni en arrière; ils furent forcés de passer toute la nuit à se reconstituer, à portée de nos feux.

C'est à ce moment-là surtout, à sept heures et demie, que, profitant de la dernière demi-heure du crépuscule qui paralysait les effets de l'artillerie, que nous aurions dû dessiner un retour offensif à petite distance, appuyé par la presque totalité de la division Bataille. Ceci me rappelle Inkermann, Tracktir, plus anciennement Roosback et Soubise, où les masses ne purent se déployer sur les queues des colonnes, attaquées en tête.

A Roosback, l'armée française faisait, en présence de l'armée prussienne, une marche de flanc sur deux ou trois colonnes parallèles précédées et couvertes par une brigade d'avant-garde déployée. Elle voulait profiter de la supériorité de ses effectifs pour envelopper une des ailes de l'armée de Frédéric. Celui-ci arrête cette avant-garde; les unités de ces différentes colonnes parallèles ne purent se déployer du côté de l'armée prussienne pour soutenir leur avant-garde. Elles furent paralysées, pressées, se refoulèrent les unes sur les autres sans parvenir à se soutenir réciproquement. Elles tombèrent comme des capucins de carte.

Cette image appartient au colonel de Rocquencourt. C'était sa manière à lui de nous expliquer, à Saint-Cyr, la bataille de Roosback.

Le colonel Derrécagaix a écrit les marches des Prussiens le 18 août sur le vu des ordres donnés. Le général Chanzy a de même écrit son *Histoire de l'ar-*

mée de la Loire d'après les ordres qu'il avait donnés. Constamment, les ordres donnés ne sont pas ponctuellement exécutés. Exemple, l'arrivée tardive à Rezonville d'une division du 3ᵉ corps, qui ne parut pas sur le champ de bataille ; il n'y a pas lieu, pour le moment, de la désigner autrement. Les différentes unités arrivent bien sur les emplacements qui leur ont été prescrits, mais par des moyens spéciaux que le commandement ne peut prévoir.

Je suis convaincu que c'est ainsi que les Prussiens marchèrent, le 18 août. Leur mouvement général ne fut pas une conversion en bataille, un changement de front sur leur droite ; mais bien une marche de flanc de plusieurs colonnes parallèles, défilant sous les vues du Point-du-Jour. Je ne puis m'expliquer que de cette façon cette marche incessante de leurs colonnes prenant toutes la même direction, depuis huit heures du matin à sept heures du soir. L'arrêt, même momentané de la tête de ce mouvement incessant, à Sainte-Marie-aux-Chênes, Saint-Privat et Roncourt par la garde, devait faire tomber leurs différentes unités, se serrant les unes sur les autres sans pouvoir se déployer comme Soubise à Roosbach, comme des capucins de carte.

Tout le monde a vu les enfants jouer à ce jeu, dresser des cartes placées les unes devant les autres, toucher la première et par elle renverser toutes les autres. L'image est parfaite, l'analogie frappante.

Je ne veux pas rechercher, en ce moment, les motifs qui ont déterminé le maréchal Bazaine à concentrer, le 16, à six heures du soir ses masses disponibles entre Gravelotte et le bois des Ognons, les motifs sont sans doute tout autres que des motifs militaires qu'il ne paraît pas avoir compris, car rien n'indique, de sa part un commencement d'exécution d'un projet déterminé.

Le 16, à sept heures du soir, l'armée prussienne avait sa droite vers Vionville; sa gauche vers Mars-la-Tour. Elle faisait face à la route de Verdun. Attaquée le 16, à six heures du soir ou le 17 de grand matin vers Flavigny et Rezonville, par des forces fraîches et disponibles, elle était contrainte de faire subitement face à Metz. Elle ne pouvait se déployer alors sur sa gauche vers le nord sans se heurter contre des forces suffisantes pour la contenir. Son déploiement n'était plus possible que vers le sud, à droite, par ses dernières unités, c'était le commencement de la retraite. C'était, pour leurs grandes unités placées les unes derrière les autres, sans pouvoir se déployer, l'histoire imagée des capucins de carte.

C'est cette image toute militaire, ces souvenirs des temps passés qui ont formé et confirmé mon opinion à cet égard. C'est l'histoire au Point-du-Jour des unités prussiennes, qui placées les unes derrière les autres, trop concentrées, ont gêné et paralysé leur offensive.

Plus tard, en écrivant Metz et la capitulation, je serai sans doute d'accord avec M. Alfred Duquet sur les hommes et les choses.

W***.

www.ingramcontent.com/pod-product-compliance
Lightning Source LLC
Chambersburg PA
CBHW060725050426
42451CB00010B/1633